RÉUNIONS DE MÈRES

ET

FRATERNITÉS FÉMININES

Organisation — Fonctionnement

PAR

Suzanne CARR

(Edition de L'Ami du Foyer)

LIBRAIRIE CLASSIQUE FERNAND NATHAN
16, RUE DES FOSSÉS-SAINT-JACQUES, PARIS-5e
(Place du Panthéon)
1919

Réunions de Mères et Fraternités Féminines

MATERNITÉ ET SOLIDARITÉ FÉMININE

« **Ce dont nous avons le plus besoin, c'est d'une génération de mères instruites.** Et par ce mot instruites, nous n'entendons pas parler de l'instruction que l'on reçoit dans les écoles seulement, mais de celle que l'on acquiert par soi-même et qui fait des femmes intelligentes, sérieuses, à l'esprit ouvert, qui ont à cœur leur propre perfectionnement, aussi bien que celui des êtres qui leur succèderont, et qui savent donner leur temps, leurs pensées et leurs forces aux soins du ménage et à l'éducation mentale, morale et physique de leurs enfants (1). »

C'est pour faciliter aux mères une telle préparation que nous nous préoccupons d'aider à l'organisation de Réunions de Mères et de Fraternités Féminines.

Cependant la femme a vu sa vie s'élargir ; si le foyer est, et reste, sa première place, **elle doit savoir ce qui se passe dans sa commune et sa ville, ce qui se fait dans son pays.** Déjà souvent **travailleuse,** manuelle ou intellectuelle, la femme sera bientôt **citoyenne.** Appelée à des responsabilités nouvelles, elle doit y réfléchir, étudier : c'est encore pour donner aux femmes ces capacités spéciales que nous souhaitons des groupements féminins.

La vie matérielle devient plus chère et plus compliquée : **une pauvre unité est vite étourdie, brisée par l'effort**

____

(1) Mrs Drake. Ce que toute jeune femme devrait savoir.

et la lutte : c'est pour agglomérer en rochers solides tant de grains de sable épars, que nous demandons instamment la création d'œuvres de solidarité féminines.

***

Mais pourquoi donc deux types de réunions ? Pourquoi proposer et des Réunions de Mères et des Fraternités Féminines ?. C'est que nous sommes à un moment où nous hésitons sans cesse entre le passé et l'avenir, où nous avons autant besoin de ce « qui s'est toujours fait » que de ce qui se fera demain ; dans notre pensée, la Réunion de Mères est le genre traditionnel, la Fraternité Féminine, le genre nouveau — qu'on peut d'ailleurs parfaitement amalgamer.

La Réunion de Mères est plus hiérarchique, la Fraternité Féminine plus démocratique ; si la Dame de la Réunion est volontiers « la bonne dame » de « ses protégées » (nous le disons dans le bon sens et très affectueusement), à la Fraternité, on est « toutes sœurs » ; par suite, à la Réunion *on aide*, à la Fraternité, *on s'entr'aide*. Les fraternistes veulent « donner et non recevoir » (give not get) et par leur participation à la direction, les visites qu'elles font, leurs clubs d'entr'aide, elles ont l'impression que, comme le dit une de leurs feuilles, « si elles ont besoin de la Fraternité, la Fraternité a besoin d'elles », idée qui n'a jamais effleuré la pensée d'une habituée des Réunions de Mères ! L'aspect même des séances est différent ; la Réunion de Mères est plus monotone : à moins de quelques Réunions où l'on chante des cantiques, on n'y chante pas, l'oratrice est très fréquemment la même, la causerie, à peu près généralement, emplit tout le temps ; dans la Fraternité le programme est varié, il y a plus d'animation et d'entrain, les assistantes sont vraiment « remontées » par l'atmosphère même de la salle. Notons que les jeunes filles et les célibataires se trouveront mieux à leur place dans une Fraternité que dans une Réunion de Mères, si ouverte soit-elle ; et malheureusement les célibataires seront en nombre !

Réunions de Mères plus chaudes, Fraternités Féminines

RÉUNIONS DE MÈRES

ET

FRATERNITÉS FÉMININES

Organisation — Fonctionnement

PAR

Suzanne CARR

(Édition de L'Ami du Foyer)

LIBRAIRIE CLASSIQUE FERNAND NATHAN

18, RUE DES FOSSÉS-SAINT-JACQUES, PARIS-5e

(Place du Panthéon)

1919

plus cordiales, Réunions de Mères gentiment vieux jeu et Fraternités Féminines gaiement modernes, quelles que vous soyiez, organisez-vous partout dans notre France, pour nous donner des femmes et des mères qui joignent au charme des françaises d'autrefois toute l'énergie et les capacités des françaises de demain.

———

Nota. — Les « Sisterhoods » (fraternités féminines) sont parties des « Brotherhoods » (fraternités), important mouvement démocratique chrétien anglais qui tend à devenir international (37 Norfolk Sᵗ, Londres W.-C.). Il compte 750.000 hommes et femmes. Nous avons assisté à des séances de Sisterhoods de 300, 600, 800 et même 1.000 femmes qui se réunissent chaque semaine ! Le grand nombre n'empêche nullement l'intimité. Le mot d'ordre des réunions est « les 3 B »

B rief — bref
B right — brillant
B rotherly — fraternel.

SOIGNEUSE PRÉPARATION

« L'essentiel est de bien commencer, le reste viendra ensuite », écrivait W. Stead. « Si tant d'œuvres ne réussissent pas, nous disait d'autre part un spécialiste en la matière, c'est que, la plupart du temps, on s'y lance sans être suffisamment préparé. » Et c'est vrai ; il faut laisser au grain et au bouton le temps de mûrir, sans quoi la récolte et la floraison sont compromises.

Quand une Réunion est organisée par un groupement existant, Eglise, Œuvre populaire, Salle du peuple, Ecole, etc., elle profite de la vie de ce groupement, elle y recrute naturellement ses membres, elle y a un local, les collaboratrices sont toutes trouvées ou plus facilement trouvables ; puis, ce qui est, au point de vue moral, un immense avantage, *l'esprit* de la Réunion est tout fait, il n'y a pas à s'harmoniser sur un idéal écrit d'avance mais non vécu d'avance ensemble.

Tout ceci n'est pas dit pour décourager celles qui veulent lancer une Réunion, mais pour encourager ceux et celles qui ont un milieu tout préparé, puisque les choses leur seront si simplifiées.

Local

Parlons du **local** comme première préparation : nous dirons que si, pour d'aucuns, la question ne se pose même pas, elle est pour d'autres d'une importance vitale.

Les sociétés, écoles, auront toujours une salle qui peut être disponible une heure par semaine ou par quinzaine. Rien n'est pittoresque que de voir, dans les écoles, les mamans assises aux pupitres des grandes élèves ou sur les tables de la maternelle, tout juste assez hautes comme bancs !

De petites Réunions se feront à tour de rôle chez les mamans qui la composent ou chez une seule d'entre elles, si elle est plus commodément installée (page 17). Quelquefois, pour débuter dans une grande ville, on peut entrer comme locataire d'une œuvre ayant un caractère nettement différent, pour éviter la confusion : société de prévoyance, de mutualité, bureau de placement bénévole, cours privé ; ou bien encore co-louer avec quelqu'un : une Fraternité et un groupe d'Eclaireurs firent bon ménage pendant des mois, ne se rencontrant d'ailleurs à peu près jamais !

Quand on doit louer un local, l'emplacement est de prime importance ; il faut se mettre en ville, dans une rue passagère, au village, sur une artère accessible et éclairée le soir.

La difficulté étant de trouver un rez-de-chaussée clair et avec de grandes pièces, le mieux croyons-nous est de prendre une boutique, l'arrière-boutique servant de seconde petite salle. Dans des coins de province, il y a, dans des cours, des hangars qui, blanchis à la chaux et gentiment aménagés, font des locaux très suffisants, parfois très pittoresques.

Ces modestes propositions ne sont que des propositions de début : ayons de grandes ambitions ! espérons le jour où, nous agrandissant, nous aurons *notre* local spécialement aménagé.

Nous rappellerons cette installation si bien comprise qui consiste à établir, au bout de la grande salle de conférences, une petite salle au rez-de-chaussée et dessus une tribune (prises dans la hauteur de la salle), fermées toutes deux par des panneaux. On a ainsi, en temps ordinaire, trois pièces qui, aux jours d'affluence, peuvent n'en faire qu'une très agrandie. Ne pas manquer de réserver des dégagements derrière la grande salle, du côté de la tribune des orateurs, indispensables en cas de concert ou de représentation.

Quel que soit le local — privé ou public, petit ou grand — il faut y prévoir une pièce pour les enfants. On doit établir comme règle que les enfants ne sont pas dans la salle avec leur mère, pendant la séance (les Anglaises s'y conforment, mais les Françaises n'y arrivent pas toutes). On organise, avec l'aide alternative des mères, ou avec des jeunes filles, ou avec une personne rétribuée, une garderie de tous les enfants et bébés. Les mères jouissent en paix de l'heure, les orateurs parlent sans dérangement... et les enfants s'amusent !

Fonds

Le local va souvent de pair avec les **fonds**. Et nous sommes ici assez embarrassée. On sait que, depuis quelques années, la loi de 1901 sur les Associations est strictement appliquée et que le fameux paragraphe 6 n'autorise aucune société qui n'est pas reconnue d'utilité publique, et maintenant œuvre de guerre, à recueillir des fonds autrement que par les cotisations de ses membres, et des subventions de l'Etat, du département ou de la ville. Adieu donc les concerts, ventes publiques, et autres moyens employés jadis — sous peine de contravention. Enfin, comme on n'appliquera certainement pas toujours la loi avec cette rigueur ; que dès maintenant les cotisations restent — cotisations régulières, ou accidentelles de ceux qui veulent faire un don — nous donnons pour qu'on y réfléchisse, ces paroles de Miss Cheetham, présidente pendant plus de 25 années d'une œuvre populaire féminine dans un misérable quartier de Londres : « Dans bien des Réunions de femmes, on fait beaucoup trop peu appel aux membres elles-mêmes. Les directrices réalisant toutes trop bien les circonstances difficiles de leurs vies, sont touchées par la pensée de leur pauvreté et hésitent à avoir recours à elles. Une expérience de nombreuses années me conduit à dire que c'est une erreur funeste. La femme a besoin de sentir qu'elle fait partie du monde féminin, de réaliser son union avec les souffrances et les chagrins du monde et de prendre sa part de leur allègement. *Rien ne les sortira si complètement de l'étroitesse et de l'anxiété de leur propre vie que de sentir qu'il y a cependant quelque chose que les plus pauvres peuvent donner, et d'apprendre la glorieuse vérité qu'il y a plus de joie à donner qu'à recevoir.* Gardons-nous, dans nos réunions, d'essayer d'attirer les femmes par les promesses de ce qu'elles « recevront » en venant, déployons plutôt devant elles la vision d'une action plus vaste à laquelle elles sont invitées et dans laquelle les services des plus humbles membres sont réclamés et exactement appréciés ». Ces paroles sont bien nécessaires aussi en France : procurons à chacune la joie de donner !

Décoration

Pour la **décoration** du local nous aimons que *le beau* et *l'utile* se montrent côte à côte. Auprès de gravures d'art, de jolies cartes rappelant des souvenirs communs d'amis ou de promenades, il y a place en ville pour une liste des crèches, gouttes de lait, patronages du quartier, — au village, pour une liste des villes voisines où se trouvent mutualité maternelle, école ménagère, médecin, dentiste, vétérinaire, etc. Mettre peut-être une liste des noms et adresses des membres. N'oublions pas un tableau destiné à recevoir les annonces et avis du groupe, un article, une belle pensée. tout cela piqué par une punaise et perpétuellement renouvelable.

Jour et heure des séances

Nous aurons aussi à décider le **jour** et l'**heure** des séances, à moins que nous préférions attendre, pour les choisir de concert avec les participantes.

On peut envisager la réunion hebdomadaire, bi-mensuelle ou mensuelle, à moins qu'on en fasse simplement une institution occasionnelle fort profitable, cependant. Mmes Kermard et Brès (1) suggèrent pour les écoles, quatre réunions par année, par exemple : pour une fête de rentrée, la distribution de jouets à Noël et à Pâques et au début des vacances; « par ce temps de repos hebdomadaire, oserai-je insinuer que si l'on sacrifiait un dimanche à ces fêtes, on aurait la joie d'y voir accourir les parents et l'on pourrait alors glisser là, entre un chant et une récitation, quelques bons avis et quelques remarques salutaires ».

Et l'heure ? Quand on veut et peut atteindre les mamans qui restent chez elles, le mieux est l'après-midi entre 2 et 4, tandis que les enfants sont à l'école. Dans le pays minier où le travail oblige à des heures de repas inaccoutumées, nous avons vu avec surprise une réunion à 9 heures du matin, une autre à 10 heures, les mères faisant au retour leur marché et leur cuisine !

Les femmes et jeunes filles prises au dehors par un travail rémunéré, ne seront libres que le soir après-dîner, et ces soirs, le mari, — là où il y en a, — comme les maris des fraternistes anglaises, gardera la maison et les enfants ! Qu'on ne crie pas à la destruction du foyer : nous pensons au contraire que si une heure par semaine ou par quinzaine, le mari se sent responsable du foyer, l'esprit de famille s'approfondira en lui et cet effort, fait pour libérer sa femme et la traiter en égale, la rehaussera à ses yeux.

Registres, cartes, etc.

Préparons à l'avance un **cahier de présence, des cartes de membres** (page 35) et **des clubs** que nous devons

(1) *cf.* L'enfant de 2 à 6 ans.

ouvrir (page 37), à moins que là encore, nous ne décidions qu'avec nos membres. S'il y a des cartes on les poinçonne à l'entrée, on poinçonne le registre en même temps. Sinon on peut faire l'appel. Voici une méthode originale, assez pratique, que nous avons rencontrée et qui peut convenir quand il n'y a pas plus de 60 à 80 membres : chacune a un numéro d'inscription ; à l'entrée de la salle, sur une table, sont disposés par ordre, des cartons portant des numéros ; en arrivant, le membre glisse dans un tronc à cet usage, le carton portant son numéro d'inscription. Après la séance, la secrétaire met son registre à jour au moyen des cartons trouvés dans le tronc.

Chant

Si on a l'intention de faire chanter des **chœurs** aux réunions, il sera bon de se préoccuper à l'avance de quelques chanteuses qui seront le fond nécessaire du chœur futur, autrement il sera très difficile d'arriver à un résultat, immédiat tout au moins. Quelques personnes connaissant les chants entraîneront les hésitantes et faciliteront grandement l'exécution.

Il sera sage également de faire un choix de chœurs qui seront exécutés aux séances, autrement on peut se trouver pris de court.

Propagande

Maintenant que tout est prêt **il faut faire venir du monde et emplir notre Salle !** C'est l'essentiel !

C'est par les VISITES qu'il faut commencer... et par les visites qu'il faut continuer ! Visitons d'abord les personnes qui dirigeront avec nous la Réunion ; définissons clairement notre but, établissons avec elles notre plan de travail.

Voyons ensuite celles sur lesquelles nous comptons le plus comme assistantes, qui nous feront une base sûre et solide et pourront déjà nous aider dans notre propagande par des conversations, visites, distributions de prospectus.

Puis «étudions le plan de la ville ou du village. Faisons, de maison en maison, une campagne de sollicitations, recommençant toutes les visites 3 à 4 fois et laissant un souvenir différent, de notre passage, sous la forme d'une carte ou d'un prospectus. Ne soyons pas découragées si la réception n'est tout d'abord pas très cordiale » (1).

ALLONS PARLER DE NOTRE PROJET AUX ŒUVRES qui peuvent s'y intéresser, gouttes de lait, dispensaires, ouvroirs, etc., demandant à la directrice la faveur de parler aux mères, aux femmes et jeunes filles qui en font partie, pour leur exposer ce que nous ferons, leur distribuer des prospectus et peutêtre même trouver là des aides pour notre propagande.

Pendant les semaines de préparation NOUS RÉUNIRONS RÉGULIÈREMENT NOTRE PETIT ÉTAT-MAJOR pour rendre compte du travail fait, partager celui qui est à faire, retremper l'activité et approfondir le sentiment de responsabilité. Ces réunions sont extrêmement importantes : elles permettent d'une part de faire la connaissance approfondie de nos aides, de voir en quoi chacune nous secondera, et d'autre part de nous rendre mieux compte des ressources et des besoins de la localité ou du quartier où nous travaillerons.

Pour le texte des AFFICHES et des PROSPECTUS, trouvons des idées originales, qui frappent, des choses actuelles et locales (rattacher notre Réunion aux besoins spéciaux du lieu).

Voici quelques spécimens — pris en Angleterre, car on connaît bien ce qui se fait en France — qui nous ont paru suggestifs.

(1) Sisterhoods and how to work them (Les Fraternités féminines et comment les mettre en œuvre). C. Tower.

« I. *Prospectus de 4 pages petit format.*

<table>
<tr><td colspan="2" align="center">1re Page :
**SAVEZ-VOUS
LA NOUVELLE ?**</td></tr>
</table>

2e Page	**3e Page**

Ce qu'on dit

QUE Sidcup and Foots Cray vont avoir une Fraternité féminine et qu'elle est lancée par l'Eglise baptiste de Foots Cray	QUE jamais on n'aura vu auparavant à Foots Cray une telle assemblée de femmes
QUE c'est pour les femmes seulement	QUE toutes les femmes seront les bienvenues
QUE la réunion ne durera qu'une heure de 8 à 9.	QUE la réunion vous encouragera par son entrain
QUE le jour d'ouverture est le lundi 28 février.	QUE les meilleurs chanteurs et orateurs seront assurés pour chaque semaine
QUE Mrs H. Bentham, qui est un orateur remarquable, sera là pour faire le premier discours	QUE il y aura foule à la porte à 7 h. 30
	QUE si vous manquez la première expérience, vous le regretterez
QUE il y aura un chœur pour conduire les chants	QUE vous devez revenir.

4e page :
*Femmes de Sidcup et Foots Cray.
Les batailles de la vie seront des
        victoires...*
        Par l'amitié de centaines de
femmes unies ensemble par les
liens de la fraternité. Inscrivez
vos noms et profitez de la compa-
gnie du premier meeting. Cela
rendra les semaines plus faciles
pour vous.

Puis, le jour même de l'ouverture de la Fraternité, un prospectus en forme de télégramme est distribué largement.

Départ : Adresse du local des séances.

Adresse : Aux femmes de Sidcup et Foots Cray.

Texte : Juste pour vous rappeler que la Fraternité commence ce soir à 8 heures. Venez de bonne heure, la réunion finira à 9 heures précises.

II. *Un autre :*

COURAGE, SŒURS !

Etes-vous découragée ?

Alors, venez à la Fraternité...

Vous sentez-vous seule ?

Alors venez, et vous trouverez...

Pensez-vous que votre vie ne vaut pas grand'chose pour vous et les autres ?

Alors venez, et.....

Avez-vous besoin d'apprendre la joie d'être ensoleillée vous-même et d'apprendre à être un rayon de soleil dans les vies sombres ?

Alors, venez.....

Avez-vous besoin de mettre un peu de côté pour les jours difficiles ?

Alors, venez.....

N'oubliez pas : Lundi prochain à 8 heures. Ne soyez pas effrayée. C'est non confessionnel — et on y donne la bienvenue à toutes les femmes entre 16 et 100 ans !

III. *Enfin, un petit carton* rose vif, où, après les explications de lieu, jour, heure, orateur, etc., ces phrases en gros caractères :

Venez tôt ! Asseyez-vous où vous voulez ! Pas de collecte !

L'heure la plus heureuse de la semaine.
Bienvenue, comme les boutons au printemps !

(On était en mars !)

Maintenant, pour vous, Mesdames, courage et bonne chance pour votre Réunion !

UNE HEURE DE RÉUNION

Celles qui ne se sont jamais occupées d'œuvres sociales, peuvent se trouver embarrassées sur les moyens d'agir : « Je commencerais bien quelque chose, mais je ne sais pas comment m'y prendre. » Puis celles qui sont le plus expérimentées, voudraient, parfois, un peu de nouveau.

Voici, pour les unes et les autres quelques idées, glanées ça et là.

Réunions de Parents

Cercles de Parents. — Cercles d'éducation familiale. — Union de Pères et Mères : tous ces noms et d'autres, pour désigner une seule chose.

Dans un village de Charente où l'on nous avait convoqué une Réunion de mères, quelle ne fut pas notre surprise, en entrant dans la salle, d'y trouver autant d'hommes que de femmes. « Vous allez parler des enfants, cela nous intéresse aussi, puisqu'on est les papas ; nous voudrions bien rester. »

« Cela les intéresse, les papas, puisque c'est leurs enfants » et quand ils seront venus quelquefois causer d'eux sérieusement, « cela les intéressera » plus encore ! — Il y a aussi ceux pour qui tout ce qui touche les enfants « est l'affaire des femmes » ; chez ceux-là, il faut essayer de faire vibrer la corde de la responsabilité paternelle.

Puis, c'est créer un rapprochement entre les époux, rapprochement parfois unique, que de les obliger à écouter et discuter ensemble des choses profondes ; les enfants gagneront à être dirigés des deux côtés dans le même sens ; la mère ne sera plus seule à lutter contre elle-même, contre ses enfants, contre son mari souvent.

Nous ne voulons pas flatter et dire que les Réunions de Parents mettent entente et unité dans tous les foyers ! non, hélas ! mais nous croyons certainement qu'elles y contribuent.

On aura soin, cela va sans dire, le jour où les pères sont invités, d'étudier une question qui est de leur ressort. *Ce que c'est que l'éducation.* — *Les qualités de l'éducateur.* — *Pourquoi les parents doivent toujours s'entendre.* — *L'éducation du premier langage.* — *L'enfant menteur.* — *L'éducation de la pureté,* etc. (1).

Peut-être ce jour-là pourra-t-on mettre ou développer une séance récréative.

Lire le paragraphe suivant, qui complète celui-ci.

Réunions-Causeries

Un orateur, ou une oratrice, habitués aux causeries simples parlera 40 à 45 minutes sur un sujet, choisi avec soin par rapport aux auditrices habituelles.

Si la personne qui parle est spécialiste de sa question, qu'elle n'emploie pas des mots trop techniques, qu'elle ne se montre pas trop savante ; nous ne profiterons que si on se met à notre portée, commençant par prendre pied dans nos connaissances pour nous conduire peu à peu vers le difficile et l'inconnu.

Si la personne qui parle n'est pas spécialiste, alors qu'elle soit plus simple encore ! dans son attitude plus peut-être que dans ses paroles. Soyons très fraternelles.

« Pour obtenir la collaboration des assistants, il faut renoncer résolument au genre *leçon* ou *conférence* et se borner à causer familièrement, ce qui n'exclut aucunement d'avoir un plan rigoureusement tracé au préalable. Evitez

(1) Sujets proposés par M. Beaufreton : Les Cercles d'éducation familiale. Brochure Action populaire.

les termes abstraits ; illustrez votre enseignement d'exemples empruntés à la vie quotidienne ; faites tirer par les auditeurs eux-mêmes les conclusions que vous désirez leur voir adopter. Écartez surtout de votre langage tout ce qui pourrait vous aliéner les bonnes volontés que vous avez devant vous ; ces gens reconnaissent volontiers qu'ils ne sont pas de parfaits éducateurs ; ils ne se refusent pas à ce qu'on le leur montre, mais ils entendent bien n'être pas grondés pour cela. Ne dites donc jamais : *Ne faites pas telle ou telle chose*, mais adressez l'observation à la cantonade, en évitant de paraître même soupçonner qu'un seul des membres du cercle puisse se trouver visé par le reproche » (1).

Pour rester en contact étroit avec l'auditoire, et en faire plus sûrement un collaborateur actif, interrompons de temps à autre notre causerie par une question : l'avez-vous essayé ? croyez-vous cela possible chez vous ? se rapportant à l'idée immédiatement donnée. Si l'assistance est très nombreuse et qu'on ne pense pas pouvoir établir ces courts dialogues, on peut poser une question sans autre réponse exprimée qu'un sourire de part et d'autre.

Réunions-mutuelles

Nous en avons connu un peu dans tous les coins de la France ; nous y avons assisté, dans des maisons particulières, dans des salons, dans des cuisines, dans de grandes chambres communes de ferme.

Nous avons une sympathie particulière pour ces Réunions qui peuvent se fonder si facilement : quelques mamans sentent leur insuffisance devant leur tâche difficile et désirent s'entr'aider par la lecture et la conversation ; elle se donnent rendez-vous chez l'une ou chez l'autre (2), avec un livre, un

(1) M. Beaufreton. Ouvrage cité.
(2) Voir page 7.

article, notre feuille *l'Ami du Foyer* : elles lisent et commentent, et la Réunion est fondée.

Une Inspectrice générale des écoles maternelles m'écrivait à ce sujet, et à propos de notre feuille : « Plus j'y songe, plus je la vois comme trait d'union entre parents, donc prétexte à réunions familières régulières, propres à développer la fraternité féminine sur les sujets sérieux. En théorie, aucune difficulté... en pratique j'ignore jusqu'à quel point ce plaisir serait goûté par les commères de notre quartier, si braves créatures soient-elles, qu'en pensez-vous ? Dans les campagnes, en tous cas, une telle causerie mensuelle ajoutée aux réunions dominicales en rajeunirait l'attrait parfois languissant et faiblissant. Or, dans une causerie terminée par une tasse de tisanerie *à la française* et profitant de nos richesses en aromates, selon chaque région, il y aurait un petit air de mondanité séduisant pour la vie féminine, souvent si terne. » Il suffit de deux femmes d'initiative pour commencer : ne serez-vous pas l'une d'elles, vous qui lisez ces lignes ?

A ce moment de vie où nous avons tant à apprendre sur nos devoirs et sur nos droits, qu'il n'y ait plus autour des tasses de thé, des bols de café, de ces longues conversations oiseuses ou nuisibles : mettons-nous toutes résolument à l'étude, et quand nous nous réunissons, efforçons-nous de donner un sens et un but à nos rencontres.

Cercles de fermières

Nous en faisons un paragraphe spécial pour souligner leur importance, persuadées que nous sommes de leur nécessité immédiate.

« Les endroits où l'enseignement ménager spécial, ambulant ou fixe, existe..., et les nombreuses mutualités de femmes..., semblent être des milieux tout indiqués pour devenir les premiers centres de ces institutions.

On trouvera bien aisément des conférenciers : le jeune médecin traitera volontiers un sujet d'hygiène ; un éducateur (l'instituteur ou l'institutrice) donnera des conseils pratiques sur l'éducation des enfants ; l'institutrice d'école ménagère agricole viendra entretenir d'une question de cuisine, d'ameublement ou d'habillement, On invitera l'agronome de l'Etat à parler des constructions rurales, de l'hygiène des étables, de la comptabilité, les conférenciers de la région, pour la floriculture, l'arboriculture, la culture maraîchère, l'aviculture, et les conférenciers de diverses associations de mutualité, de prévoyance, de retraite.

Deux ou trois réunions par an suffisent amplement, si l'on traite chaque fois trois ou quatre questions.

On s'efforcera d'assurer la fréquentation régulière de ces réunions par la distribution de graines de plantes recommandables, de bonnes variétés de légumes, de livres ou de revues utiles.

La partie récréative, qui ne doit pas être négligée, doit cependant être relativement courte » (1).

Questions et discussions

I. Nous avons pratiqué, et nous savons que se sont pratiquées en divers endroits, avec succès, ces questions.

La personne qui dirige la réunion, au lieu de parler, interroge. Elle a soigneusement étudié son sujet — mieux peut-être que pour une causerie — mais elle pose des questions, au lieu de présenter des affirmations : cinq, six, huit questions, surtout très précises. (Pas trop pour ne pas éparpiller les idées, mais assez pour que ces idées se groupent avec clarté autour d'un point précis.) Chaque question étant commentée, la Présidente, qui a pris quelques notes, résume

(1) Extraits de « Le Rôle social de la Fermière ». P. de Vuyst. Action populaire.

ce qui a été dit, et conclut elle-même, faisant ressortir les idées à retenir.

Ces argumentations établies sur des sujets qui sont de la compétence des auditrices ou qui les intéressent grandement, plaisent énormément, et l'échange d'expériences qu'elles entraînent est des plus fécond.

Il est préférable, quand on le peut, de distribuer les questions à l'avance ; la discussion en est plus approfondie.

II. *« La boîte aux questions »*. Connaissez-vous *la boîte aux questions* ? C'est une boîte en carton dans le couvercle de laquelle est percé un trou, comme un tronc, et dans laquelle on glisse, signée ou anonyme, une question.

Dans plusieurs sociétés de jeunes filles nous l'avons établie de temps à autre et toujours avec grand succès. Une fraternité féminine de Paris l'avait également instituée.

Les questions les plus diverses s'y trouvaient : « Jusqu'où peut aller la coquetterie ? — On demande quelques recettes de plats nourrissants et pas chers. — Pourquoi la souffrance ? — Dieu répond-il aux prières ? » etc.

On peut mettre la boîte régulièrement sur la table et l'ouvrir chaque mois en séance ; il y a des questions auxquelles on répond immédiatement ; des membres se chargent de quelques-unes pour une prochaine réunion ; d'autres questions, soulevant des objections ou des problèmes importants, feront le sujet spécial d'une causerie. La Présidente ou Directrice de réunion n'est pas exempte de la boîte aux questions ce qui lui permet de mettre à l'étude et à la discussion des sujets qui lui semblent utiles.

Séances à forme parlementaire

Ceci est une idée américaine pratiquée en France dans des « Foyers des Alliées » (1), pour préparer les femmes et jeunes

(1) « Les Foyers des Alliées » ont été ouverts en France par la Young Women Christian Association, avec l'autorisation de nos pouvoirs publics, auprès d'usines de munitions de quelques villes.

filles à la vie publique, ou tout au moins pour les habituer à exprimer leurs idées sur les choses sociales et sérieuses... et à écouter !

Une présidente de séance est élue (pour une séance ou trois mois) parmi les ouvrières, membres du Foyer ; des secrétaires sont choisies. La Présidente donne la parole à l'oratrice, qui développe son sujet. Une discussion suit, dirigée par la Présidente, et des décisions pratiques sont votées, qu'on s'engage à observer.

Après quelques séances on peut déjà noter de grands progrès d'ordre, de calme, de réalisation.

Démonstrations pratiques

Il est indispensable de joindre la pratique à la théorie, et des Réunions de mères ne nous sembleraient pas complètes s'il n'y avait, de temps à autre, un moment réservé aux démonstrations.

Dans un faubourg du Nord, on organisa, dans une Salle populaire, une fois par semaine une *séance de raccommodage*, où chacune apportait son linge pour en tirer le meilleur parti possible ; nous rappelons pour Paris les *leçons de cuisine*, si bienfaisantes de Mme Moll-Weiss.

— Présenter, expliquer et distribuer un patron.

— Montrer des tricots, jupons, bonnets, bas, faits dans des jambes de bas devenus hors d'usage.

— Fabriquer avec les assistantes une marmite norvégienne, et en démontrer les avantages.

— Exécuter et manger quelques plats économiques.

— Enseigner des jeux et travaux manuels pour les tout-petits.

— Expliquer au tableau noir comment faire faire des exercices de langage et développer les enfants par les images et les poésies :

voici quelques suggestions de ce qui pourrait être fait, permettant d'arriver par ce moyen direct, à des résultats plus effectifs que par des causeries sur les mêmes sujets.

Campagnes spéciales

« *Soyez désintéressées et conquérantes !* » — Nous recommandons fort ces Campagnes de quelques jours : contre l'alcoolisme, l'immoralité, la tuberculose, etc.

Les deux points importants sont :

Le choix des orateurs.

La préparation de propagande.

Il faut faire beaucoup de propagande et il faut que tout le monde s'y donne ; une campagne de ce genre n'est pas l'affaire de deux ou trois organisatrices seulement. Une grande œuvre féminine de Londres « Canning Town Settlement » (en touche avec 2 à 3.000 femmes), se trouvait organiser, lors de mon passage, une Campagne de tempérance. On avait partagé le quartier en divisions, chacune ayant à sa tête une femme possédant un peu de temps et beaucoup d'initiative ; elle avait sous sa responsabilité les membres du Settlement qui se trouvaient habiter sa division et qui sont *toutes engagées* pour — distribuer des prospectus, — visiter les commerçantes de deux ou trois rues choisies d'avance, et leur demander d'accepter une affiche ou des prospectus, — faire les visites désignées. C'est la dame-chef de division qui seule communique avec la direction centrale et qui remet à chaque membre les prospectus, affiches, listes, etc.

(1) *Si vous voulez faire une campagne qui réussisse, où que ce soit, commencez par avoir un plan de votre ville, de votre quartier, de votre commune* — et indiquez-y les points où

(1) Voir propagande générale, page 11.

doit porter l'effort de propagande : patronages, écoles, églises, usines, ateliers, grands magasins, etc.

Pendant ces journées tout doit converger vers le but de la campagne : conférences publiques du soir dans une ou plusieurs salles, — conférences pour mères, pour enfants, dans la journée — bureau d'information, et si nécessaire d'engagements ou de signatures, ouvert tout le jour. Au dehors, affiches et distribution de tracts et prospectus.

II. Sur une base moins large, nous conseillons de profiter d'un passage de spécialiste pour donner pendant quelques jours, ou quelques semaines, au sein même de la Réunion (avec invitations au dehors si l'on peut) une série unique de causeries d'études.

Par exemple si une infirmière se trouve être de garde, ou en vacances, lui demander en une heure par semaine ou deux fois par semaine, six, huit, dix *leçons* sur les soins aux bébés, les maladies contagieuses, ou l'hygiène des enfants. Si une école ménagère ambulante vient dans la localité ou les environs, s'entendre avec la directrice pour une série de cours pour les mamans ; etc.

Séances artistiques et récréatives

« *Plus nos occupations sont vulgaires, plus il importe que l'art vienne les illuminer de ses rayons.* » F. PÉCAUT.

Pour élargir et illuminer, dans la mesure du possible la vie de nos amies par l'art, il semble qu'on puisse avoir recours à deux moyens : les séances éducatives et les séances récréatives.

1. Séances éducatives. — *a)* Faire des causeries sur l'Art, accompagnées de projections, ou tout au moins d'exposition de quelques gravures ou de circulation de cartes postales.

(On a souvent la mauvaise habitude, pour ne pas perdre de temps, de continuer la Causerie pendant que l'on fait circuler les cartes ; c'est au contraire un sûr moyen de perdre son temps, car ou les assistantes écoutent et ne regardent pas, ou elles regardent et n'écoutent pas ; nous pensons préférable de passer à la fois toutes les cartes se rapportant à une partie, et de s'interrompre pendant la circulation, se donnant ainsi la possibilité d'explications profitables).

Voici des sujets traités en Angleterre dans quelques branches de l'importante « Union Nationale pour l'éducation des Parents » (Parents' National Educational Union) : L'Art égyptien et assyrien (complété par une visite aux galeries d'art égyptien et assyrien du musée). — L'Histoire et le Patriotisme à travers les chants et les histoires. — L'Abbaye de Westminster. — L'enfant dans la littérature.

Un sujet sur la musique, ou un musicien, pourrait être suivi par des morceaux de chant ou de musique soit par quelques artistes, soit par un groupement d'enfants en relations avec les Mères.

b) Il est aussi intéressant que suggestif de rechercher le rôle de l'art dans l'éducation et le développement des enfants.

Sujets : L'Art dans l'éducation. — La place de la musique dans l'éducation. — La poésie comme facteur d'éducation. — Comment intéresser les enfants à l'Art.

2. Séances récréatives. — Pour ces petits concerts, on s'adressera probablement à la jeunesse, ce qui ne veut pas dire qu'une maman « n'ira pas de sa chansonnette », comme si elle était en famille.

Nous nous permettons de suggérer l'idée de grouper les chants, récitations et saynètes si l'on peut, autour d'un sujet central : la famille, l'amitié, la nature, la bonté, etc. Le programme sera certainement plus difficile à composer, mais il laissera quelque chose de meilleur dans le souvenir des auditeurs, que celui tout simplement d'une heure de détente.

Voici deux programmes spécimens (1) :

VERS LA FRATERNITÉ. — 1ʳᵉ Partie : Un Songe (Sully-

(1) Publiés dans « l'Espérance », journal des Unions chrétiennes de jeunes gens par, M. E. Creissel, juillet 1911.

rudhomme) ; Du mouron pour les petits oiseaux (paroles de Richepin, musique de Amiati) ; Le Récit du Canut (Clovis Hugues) ; Le chant de l'Amitié (F. Bataille) ; Un récidiviste (Grenet-Dancourt) ; Je bois à la liberté (chant, Debailleul) ; Dupont et Durand (saynète, A. de Musset) ; Prière de l'âme affligée (chant, Beethoven). — 2e Partie : Chaud les marrons (Grenet-Dancourt) ; L'oiseau recueilli (paroles de Clovis Hugues, musique de Malfait) ; La Prière (Eug. Manuel) ; Hymne à la Fraternité (Chrétienno) ; Pauvres Gens (V. Hugo) ; Le Credo de l'Ouvrier (Vialla) ; L'essayage (comédie éducative, Jacques Normand) ; La Brebis perdue (pastorale de Amiati).

LA PURETÉ. — 1re Partie : Le Semeur (chant de J. Baslin) ; Ah ! ne méprisez pas (V. Hugo) ; La dernière rose (mélodie irlandaise, Ch. Huguenin) ; Protestation de la jeune fille du xxe siècle (Mme Markovitch) ; La Fanchette (chanson normande de Bérat) ; L'agrément d'être laide (comédie de Ernest Legouvé) ; chœur d'Esther. — 2e Partie : La Batelière (chant) ; Oh ! siècles à venir (La coupe et les lèvres de A. de Musset) ; Faisons le bien (chant de Domnich) ; La Marchande de Journaux (F. Coppée) ; Je suis féministe (J. de Roget) ; Aux Tuileries (comédie éducative de Jacques Normand).

Est-il nécessaire de dire que, ces jours ou ces soirs-là, on invite les papas et des amis ? On profite de ces séances plus nombreuses pour dire un mot des résultats de la Réunion ou Fraternité, parler des Sections et des Clubs qui lui sont adjoints, « faire un peu de réclame ! »

Nos Fêtes : Noël et la Journée des Mères

Il nous semble que, dans tout groupement de mères, ces deux fêtes doivent être spécialement célébrées.

Noël. — Voici ce que disait notre « Ami du Foyer » (en ce temps encore le « Sou Mensuel »), en décembre 1916.

« *Pour* les enfants, *avec* eux et *par* eux. » Fête familiale, suivant les régions et les convictions religieuses, arbre de Noël, crèche, etc.

Décoration. — Chaînes en papier : couper des bandes de 2 cm. de large sur 20 cm. de long, les coller pour former un anneau en passant, à mesure qu'on les colle, les anneaux les uns dans les autres. Si l'on peut facilement, en une course à la campagne, se procurer du lierre et des branches vertes, faire des guirlandes ou des bouquets. Joindre de petits drapeaux tricolores et, si possible, quelques gravures, ou simplement cartes postales sur « la Vierge et l'Enfant ».

Chants et Récitations sur Noël, la famille, la patrie (se trouvent dans tous les livres de classe).

Jeux divers.

Cadeaux indispensables, si petits soient-ils (une carte postale illustrée avec une jolie phrase et la date, en souvenir).

Goûter (ou repas s'il est nécessaire, se reporter page 39 : club-épargne, l'Oie de Noël).

Journée de la Mère. — Le 2ᵉ dimanche de Mai. — « *La St-Maman* », comme des enfants l'appellent (1).

Réunions et réceptions familières des mères. — Les plus simples seront les plus cordiales et les plus bienfaisantes. Cependant une *municipalité* souhaiterait peut-être une réception d'ensemble à la Mairie. La solennité y gagnera, mais l'intimité y perdra et nous pensons qu'il serait peut-être préférable de provoquer des réunions dans les *Ecoles.*

— *Les sociétés privées, mutualités, groupes d'action morale ou antialcooliques, groupements religieux,* sont particulièrement indiqués pour célébrer cette journée de la mère, soit en modifiant leur réunion habituelle du Dimanche, soit en faisant convoquer spécialement.

Programme à la fois simple, sérieux et agréable. (Il faut

(1) Ce programme reproduit notre circulaire de 1917.

compter qu'à ces Réunions les enfants accompagneront leur maman).

— *Etablissements d'enseignement. Ligues diverses d'enfants. Patronages, etc.* On peut y célébrer de deux manières la Journée des mères.

a) Rappeler aux enfants leurs devoirs filiaux. Peut-être leur proposer, sur ce sujet, une rédaction, une étude littéraire ou historique, etc. Leur faire apprendre chants ou récitations si l'on peut avec tableaux vivants à l'appui.

b) Organiser par les enfants, une réunion pour leurs mères, avec programme approprié aux divers âges (qu'il s'agisse de Lycées ou d'écoles maternelles). Quelle que soit la fête, les mères en seront heureuses et se montreront reconnaissantes à ceux qui en auront pris l'initiative et qui y trouveront une excellente occasion de rapprochement.

Engager les enfants à écrire à leur mère une petite lettre affectueuse, mais ne rien imposer.

DISTRIBUTION DE NOTRE FEUILLE SPÉCIALE DE L'AMI DU FOYER : Une distribution publique ou privée, un envoi par lettre sera la plus simple des manifestations, mais ne restera pas, croyons-nous, sans effet.

VISITES. — Organiser des visites aux mères en deuil de la commune ou de telle société privée (nous étions en guerre). Le choix des visiteurs est important.

MANIFESTATION INDIVIDUELLE : n'entre pas dans le cadre de ce chapitre.

Le Comité qui organisa la Journée des mères à Lyon en 1918, préconise une VENTE PUBLIQUE DE MÉDAILLES dont le produit sert à donner des prix de CONCOURS (mères de familles nombreuses, mères ayant eu des fils au front, concours de bébés, etc.). Cette idée de concours est certainement bonne et pourrait sans doute s'appliquer simplement, au sein même de notre Réunion de Mère.

Concours

Il y a tout un coin de campagne de Charente, où sous le nom et le patronage local de la Ligue de « l'Etoile Blanche », de fort bonnes choses sont faites et qui sont des choses fort pratiques.

Pour encourager le travail et l'initiative on a établi des *concours* dont les prix se donnent à des jours de fête. J'ai eu le très grand plaisir de m'y trouver un lundi de Pâques ; ce jour les concours rendus étaient : pour les femmes : un chandail en laine, au tricot — pour les jeunes filles : un gâteau et un bouquet — pour les fillettes : un châle de poupée en laine, au crochet (pour les hommes et garçons : un objet en bois). Dans une circulaire, nous trouvons, comme sujets d'autres concours : jupons de poupée ; lingerie ; bouquets tricolores ; fabrication d'une canne.

Nous sommes persuadées que bien des Réunions de Mères, ou des Fraternités, adopteraient avec grand avantage ces Concours occasionnels qui stimulent et renouvellent l'intérêt. Le jour du Concours est un jour très animé : jury, examen, décisions, prix ! Et c'est un jour attendu : or dans la vie n'a-t-on pas toujours besoin d'attendre quelque chose de bon !

Programmes de Séances de Fraternités

Quelques Fraternités Féminines anglaises impriment un programme pour chaque réunion sur lequel on transcrit, tout au long, les paroles des chœurs. On y donne, en outre, le sujet et l'orateur de la causerie suivante, et on rappelle les clubs ; il offre à nouveau une parole de bienvenue et se termine par cette phrase en gros caractères « *à emporter et montrer à vos amis* » (please take this away and show to your friends). Naturellement les nom et adresse de la Fraternité sont en bonne place.

Voici, comme renseignement, le programme (très détaillé !) de la séance du 7 janvier 1915, à Watford, à laquelle nous avons eu le privilège d'assister :

7 h. 55 : Chant d'ouverture ;
8 h. : La présidence prise par Mme ... ; Chœur ;
8 h. 5 : Lecture d'un Psaume ;
8 h. 7 : Solo ;
8 h. 15 : Prière ;
8 h. 18 : Chœur ;
8 h. 23 : Avis de la Secrétaire ;
8 h. 25 : Solo ;
8 h. 30 : Causerie de Mr ... ;
8 h. 50 : Quelques mots de la Présidente ;
8 h. 55 : Chœur final.

Dans une brochure sur l'organisation des Fraternités Féminines (1) (Sisterhoods), nous trouvons, aux appendices cette « Suggestion pour l'ordre d'une séance ».

1 : Chœur entraînant ;
2 : Prière ; — 3 : Lecture de l'Ecriture Sainte ;
4 : Solo ou chœur ; — 5 : Cantique ;
6 : Remarques de la Présidente : gai, sans prétention, accueillant aux étrangers ;
7 : Annonces de la Secrétaire et collecte ;
8 : Cantique ;
9 : Allocution ;
10 : Solo ou chœur ; — 11 : Cantique ;
12 : Bénédiction.

Nous avons dit que ces Sisterhoods sont un mouvement démocratique chrétien. Pour nos écoles, Maisons du Peuple, on modifiera le programme en remplaçant les cantiques par un beau chant, et l'Ecriture Sainte par une lecture morale, variant de genre avec les séances, tantôt familière, tantôt forte, ou bien parfois une poésie.

On nous signale, d'une Réunion de Paris, que les membres

(1) Ouvr. cité p. 12.

recherchent les bons articles de journaux (sur l'alcoolisme, la tuberculose, une idée morale ou actuelle, etc), et les lisent elles-mêmes. La lecture en a lieu au début, après les chants. Cette participation encourage et fortifie ; d'abord intimidées et balbutiantes, les lectrices acquièrent de l'autorité, et « elles jubilent » de prendre ainsi part aux séances.

Une de nos Fraternités de Paris avait établi ainsi son programme :

8 h. : Chœur ; — 8 h. 10 : Lecture ; — 8 h. 20 : Causerie ; — 8 h. 40 : Nouvelles des Sections (par une personne de chaque section, visite, envoi aux soldats, etc.) et avis de la Présidente ; — 8 h. 50 : Un peu d'art social.

Et une autre celui-ci :

8 h. : Chœur ; — 8 h. 10 : Travail des Sections et avis ; — 8 h. 25 : Chœur ; — 8 h. 30 : Lecture ; — 8 h. 35 : Causerie ; — 8 h. 55 : Chant ou récitation.

UNE POUR TOUTES ET TOUTES POUR CHACUNE

« Ce qu'il faut fonder, c'est l'union de ceux qui aiment en vue de secourir ceux qui souffrent. »

William T. STEAD.

Fraternité et entr'aide

Visites : D'abord, il faut visiter les fraternistes : il faut les visiter quand elles ont manqué deux ou trois séances, il faut les visiter quand elles sont malades ou qu'elles ont des malades, il faut les visiter dans les cas spéciaux où elles réclament aide ou conseil, il faut les visiter tout simplement, en bonne amitié.

Puis, il faut faire des visites en dehors de la Réunion, à des étrangères, pour prolonger son rayonnement. Dans des circonstances de naissance, de deuil, une courte visite de sympathie faite par deux personnes, de la part des Mamans de la Réunion, serait, le plus souvent, très favorablement accueillie ; des visites régulières à des femmes que leur travail retient toujours à la maison (concierge, commerçante), serait une œuvre fraternelle très bienfaisante.

« Il ne devrait y avoir, autour de la fraternité, aucune femme isolée », dit une feuille anglaise. Travaillons à le réaliser chez nous.

La Section de visite est composée de dames ayant quelques loisirs et beaucoup de cœur, et de membres même du groupement. Il est de toute importance de choisir les visiteuses

NOTA. — La grande majorité des paragraphes de ce chapitre nous ont été inspirés par ce que nous avons vu en Angleterre, ou lu dans des travaux sur les Sisterhoods (Fraternités Féminines) et Settlements.

avec soin, les unes faisant les visites profondes, les autres entrant juste dire un petit bonjour et demander des nouvelles.

Entr'aide ménagère. — Cette entr'aide existe déjà partout où une femme sans appui se trouve en besoin de secours. Combien de fois n'avons-nous pas admiré le cœur et la complaisance des voisines !

Mais ce qui se fait au hasard doit être organisé par les soins de la Réunion, et bien des grand'mères valides, des célibataires, des mamans même, donneront volontiers une heure de ménage, de raccommodage, à une camarade de Réunion, malade, prise par un coup de feu occasionnel, ou même régulièrement, à tour de rôle.

Dans une Fraternité Féminine, à Paris, une culottière fraterniste a fait plusieurs culottes pour des enfants d'autres fraternistes.

Ne pourrait-on intéresser à cette Section des jeunes filles de loisir qui remplaceraient avec plaisir la broderie trop souvent inutile par du raccommodage d'enfants dont la maman travaille au dehors ?

Confitures : Quand vient la saison des fruits, deux ou trois fraternistes se chargeraient de faire les confitures pour quelques-unes, les frais étant exactement partagés (grande économie). Si cela était possible — et pourquoi pas ? — on aurait « une partie » de cueillette de mûres ou tel autre fruit sauvage un jeudi ou un dimanche.

Placement. — C'est généralement une des premières aides demandées et proposées. Si la Réunion est assez nombreuse, on peut avoir des chances de réussite suffisantes, d'autant plus que les amies, vous sachant en rapports avec beaucoup de monde par cette Réunion s'adresseront souvent à vous pour demandes ou offres d'emploi.

1° Réserver un moment de la séance, ou après la séance, pour parler du placement, comme je l'ai vu faire dans une Fraternité de Paris.

2° Avoir des fiches à la disposition des membres, qu'une fraterniste est chargée de tenir à jour.

3° A l'entrée de la salle, sur un grand carton de couleur bien en évidence, apposer les annonces d'offres et de demandes d'emplois, une personne se tenant là au moment de l'entrée et de la sortie des réunions.

4° Créer, quand besoin en est, un Bureau de placement, en faisant les déclarations nécessaires. Si l'on peut garantir le sérieux des places et de ceux qu'on place et donner des renseignements aux parents sur des métiers et carrières pour leurs enfants, ces Bureaux, faits pour l'utilité et non le gain, seront une précieuse branche de service social.

Les vieilles des hospices.— Quelques membres ne pourraient-elles visiter régulièrement des pensionnaires des hospices, rompant ainsi pour ces vieilles la mélancolie de jours tous pareils ? et, mieux encore, organiser pour elles de petites sorties, des réceptions à la Réunion ?

Enfants infirmes et malades. — Parmi les œuvres les plus touchantes qui se rattachent à bien des Settlements anglais (il y en a sans doute en France, mais nous n'en connaissons pas), est le travail parmi les enfants infirmes.

On commence bien simplement par des visites rendues régulièrement à de pauvres petits infirmes auxquels on donne des leçons de lecture, d'écriture, de couture. On a pour eux une bibliothèque de prêt à domicile (livres et revues). Ceux qui en sont capables apprennent des travaux légèrement rémunérateurs (paillasson, tressage de paniers, filet, etc.).

Quand on trouve de ces enfants ayant besoin de béquilles, de corsets spéciaux, de voitures, on fait des collectes, des demandes à domicile, une vente parfois ; on s'entend avec les marchands ou on trouve des appareils de seconde main.

Nos petits, mis en état de sortir, sont réunis une fois par semaine pour une classe de chant — un si grand bonheur pour eux ! — une causerie simple, amusante ou instructive, morale ou religieuse. Puis il y a Noël avec son Arbre, quelques sorties en été !

« Sur ces 200 victimes du malheur veille continuellement une bienveillante maternité, organisant et pourvoyant à tous leurs besoins jusqu'à l'extrême limite de ses ressources... »

Orphelins-Bébés. — Ne trouveront-ils pas une mère ou une seconde mère parmi nos mamans ?

Nous connaissons des fraternistes parisiennes qui gardaient les enfants pendant que les mères allaient chercher ou porter leur travail ; une dizaine de jeunes filles ont adopté une fillette de 3 ans qu'elles habillent et ont envoyé à la campagne.

Et les enfants condamnés à la réclusion parce que leurs mères ne peuvent sortir, ne voulez-vous pas les emmener quelquefois avec les vôtres ?

Parmi ces quelques idées et tant d'autres que vous suggérera votre cœur, **choisissez** celles qui répondent le mieux aux besoins qui vous entourent et à ce que vous pouvez faire, **et faites-le.**

L'amour, dit l'Imitation de Jésus-Christ, *ne sent point sa charge ; il ne compte point le travail ; il veut faire plus qu'il ne peut et ne s'excuse point sur l'impossibilité parce qu'il croit que tout lui est permis et possible. Aussi est-il capable de tout ; et pendant que celui qui n'aime point se décourage et se laisse abattre, celui-là exécute bien des choses et les achève. »

Épargne et Mutualité

Deux sous par semaine. — Versés à chaque séance et rendus à Pâques et Noël sous forme d'étoffe (calicot, flanelle de coton), ou de livres. On organise une petite fête pour ces « distributions des prix », où l'on invite souvent une personne de marque à remettre elle-même les paquets de calicot ! Un

léger prélèvement est généralement fait en faveur d'une
œuvre philantrophique dépendant du groupement.

Nous avons en mains la carte de membre de la « Réunion
de femmes de Whitefield » (Londres) — Elles se ressem-
blent à peu près partout. En carton, l'extérieur vert
foncé, porte d'un coté tous noms et adresses de la Réunion et
des personnes qui s'en occupent; au rebours, quelques
« Règles » : jour, heure des réunions, conditions d'admission.

Voici le modèle de l'intérieur :

Nº........... Mme .... Adresse...........................										
1919										
Présence						*Paiements*				
Janvier.....	3	10	17	24	31	Janvier.....	3	10	17	24	31
Février.....	7	14	21	28		Février.....	7	14	21	28	
Mars........	7	14	21	28		Mars........	7	14	21	28	
Avril.......	4	11	18	25		Avril.......	4	10	18	25	etc.

En entrant à la réunion, on fait poinçonner la carte
« présence » et « paiement ». Les deux côtés ne correspon-
dent pas toujours, car quelquefois les deux sous sont en
retard ! mais on se rattrape.

Caisse d'épargne. — Elle fonctionne à chaque séance. On
peut déposer à partir de 0 fr. 20 et reprendre aussi souvent et
par sommes aussi minimes que l'on veut. Aucun intérêt n'est
versé : l'avantage est d'avoir un coin, hors de portée et de
tentation, pour y garder ses économies.

L'intérêt qu'obtient la trésorière en déposant les fonds de
sa Caisse d'épargne à la Caisse d'épargne de l'Etat, est béné-
fice pour la Réunion.

Club-épargne pour le charbon. — Par paiement à chaque séance ; permet d'arriver à l'hiver avec une avance pour l'achat du charbon. Le marchand (avec lequel la Fraternité s'est entendue) vend au prix du gros, puisqu'on lui commande de fortes quantités, mais consent à livrer à domicile par sacs.

Club-épargne pour les vêtements,
les chaussures,
les couvertures de laine.

1° Pour permettre aux membres d'acheter des marchandises dans les conditions les meilleures possible.

2° Chaque membre ne doit pas verser moins de 0 fr. 25 à la fois (paiement avant la réunion). Des quittances pour l'argent retiré seront données selon la valeur sur la carte ; cependant afin de rester membre, 0 fr. 25 doivent être laissés au dépôt.

3° La secrétaire marquera la carte d'une étoile, en donnant la quittance de retrait et au reçu du compte du marchand, les cartes étoilées seront déposées et la somme retirée. La balance restant au crédit des membres est inscrite.

4° On ne peut acheter que chez les marchands ci-dessous, et ils vous fourniront des marchandises (escompte de 10 %) pour la somme marquée sur la formule de retrait. (Noms et adresses des marchands).

5° On procure des cartes pour 0 fr. 15 ; si une carte est perdue, le compte du grand-livre doit être accepté comme exact.

6° On peut demander la remise des cartes quand il est nécessaire, pour vérification.

7° Un prélèvement de deux sous peut être fait sur les membres, s'il est nécessaire, pour frais d'administration.

Tel est le règlement du « Club de vêtements et chaussures de Watford » inscrit sur la carte, avec les noms et adresses de la Fraternité. L'intérieur de la carte réserve la première

ligne pour le numéro d'ordre, le nom et l'adresse de la partici-
pante, puis il est divisé en colonnes dont voici le modèle :

431	Reçu	Retiré	Balance	Signature

Tous ces Clubs : charbons, vêtements, souliers, couvertu-
res de laine, livres (page 40), oie de Noël (page 39), etc.,
fonctionnent de la même manière, avec des cartes à peu près
semblables.

Achats en commun. — Nous les avons vus pratiquer avec
succès à Paris, même dans des groupements fort peu nom-
breux, d'une vingtaine de membres. Dès qu'un demi-gros (50
kilos ou 100 kilos) est avantageux, en denrées alimentaires
non périssables, on s'unit pour acheter ce demi-gros.

Mutualité maternelle. — La mère qui attend un bébé
verse à une Caisse spéciale les économies qu'elle peut faire et
qui lui sont remises intégralement, sans intérêt, au moment
de ses couches. Une layette pour le premier âge lui est prêtée ;
quand elle cesse d'habiller son bébé en tout-petit, elle la rend,
soigneusement entretenue et la layette passe à d'autres bébés.
Nous ne saurions trop recommander, en France, d'affi-
lier la Réunion à la *Mutualité Maternelle, siège social : 39, rue*

des Petits-Champs, Paris, où les mères trouveront des avantages appréciables.

Caisse des loyers. — Versements réguliers, hebdomadaires, en vue du terme suivant. Les Fraternités qui le peuvent (par des membres honoraires, dons, fêtes) donnent un intérêt de tant pour cent sur les sommes versées.

Caisse de prêt gratuit. — Prêt « sur l'honneur » et jusqu'à un maximum qui est à fixer, d'une somme d'argent à des membres de la Réunion. Il est très rare que les sommes prêtées ne soient pas rendues.

Trousseaux. — *Pour les jeunes filles.* On détermine à l'avance la valeur et la composition du trousseau. (L'achat des étoffes en gros permet une réelle économie). Les membres du Trousseau paient tant par mois et confectionnent leur lingerie soit en réunion, soit à domicile.

Quand on peut intéresser quelques personnes au Trousseau, il est possible de rendre aux jeunes filles une valeur supérieure en lingerie à celle qu'elles ont versée en argent.

Le trousseau est remis au mariage, ou à 21 ans, ou suivant certaines conditions statutaires.

Consultations

Médicales
Dentaires
Légales

Données gratuitement par des spécialistes — féminins de préférence.

Pour les soins des dents, qui exigent une installation, le mieux est de s'entendre avec une dentiste, qui, ayant la clientèle de toute une Fraternité, fait des prix avantageux aux membres, d'après arrangements convenus.

Consultations pédotechniques : « établies à Bruxelles et ouvertes au public tous les Dimanches matin. Les parents y trouveront des conseils de spécialistes, pédagogues et médecins, pour la culture physique, intellectuelle et morale de leurs enfants » (1).

Quelque chose de semblable a existé un moment à Rouen, à « La Solidarité » et donna d'excellents résultats dans un quartier populaire.

Distractions et vacances
Un peu de nature !

L'oie de Noël. — Un club-épargne, établi au Browning-Settlement (Londres) et qui atteignit en 1908 : *10.383 membres !*

Fonctionne d'après le système des autres clubs-épargne (page 36).

« Pour 7 sh. 6, (9 fr. 25), payés en grande partie par six pences hebdomadaires (0 fr. 60) les membres obtiennent une grosse oie, ou un dindon, ou un rôti de bœuf et cinq livres d'épicerie. » Traduisez ces prix anglais de 1900 en prix français de vie chère et établissez votre club : aidez vos amies à jouir d'une bonne fête de famille pour Noël, ou le Jour de l'an, et vous contribuerez à resserrer les liens de la famille et à donner de chauds souvenirs aux petits.

En faveur de la lecture

1. **Bibliothèque.** — Il semble qu'à toute Réunion bien comprise doive être adjointe une bibliothèque de prêt à domicile, ne fût-elle composée que de quelques livres et brochures essentielles (2).

(1) *L'Education*, septembre 1909.
(2) Notre choix de livres, page 49.

2. Club-épargne de livres. — Organisé d'après le système des autres clubs (page 36), pour l'achat de livres.

3. Pochettes de lecture. — Deux grandes pochettes portent le nom d'un membre. On lui donne l'une de ces pochettes emplie de brochures, feuilles, journaux, petits livres ; quand elle la rapporte, lue, elle prend l'autre qui a été préparée. Continuer ainsi le roulement.

4. Echange de revues et journaux. — Mettre sur une table, à l'entrée de la Salle de réunions, une corbeille dans laquelle celles qui ont des brochures, journaux, livres, les déposent et que prendront celles qui veulent les lire.

Promenades et excursions

Nous sentons dans la partie la plus primitive de nos âmes un secret amour pour les choses et une obscure intelligence de la nature... Cela tient à ce goût de l'infini qui fait le fond de l'âme humaine, à ce besoin de briser ce qui resserre et étouffe et de confondre son cœur avec la grande âme de l'univers, qui a l'espace infini pour palpiter et respirer. Th. PONSARD.

Une promenade occasionnelle est une vraie fête pour des mamans qui ne sortent guère, ou pour qui les promenades sont gâtées par l'attention incessante à prêter aux enfants.

Il est rare que l'une des organisatrices de la Réunion n'ait pas une amie, une amie d'amie, une relation de travail habitant dans les environs, une maison avec un jardin. Qu'elle obtienne une invitation, pour une après-midi, pour les mamans. On va en bande, ou chacun de son côté ; c'est si bon quelques heures de calme, sous les arbres ; combien la tasse de thé ou le verre de sirop sont appréciés ; et combien les quelques mots de bienvenue et d'encouragement semblent réconfortants !

(Les enfants sont à l'école, si on peut prendre un jour de la semaine ; ou ils accompagnent la maman, mais quelqu'un s'en occupe pour qu'aujourd'hui, « on soit tranquille ! »)

Est-il besoin de dire avec quelle joie sont accueillies ces

promenades et excursions par les jeunes filles ! et quel profit on en peut tirer pour leur éducation intellectuelle (observation, renseignements, vie à la campagne, art, etc.) et morale (simplicité de toilette, camaraderie, endurance, etc.), sans les ennuyer et sans même « en avoir l'air ».

Pour des **excursions en famille,** promenades un peu lointaines, visites à la campagne entre Réunions voisines — peut-être courts séjours dans de bonnes conditions, en profitant d'œuvres existantes (1) —, la Fraternité peut instituer une caisse d'épargne, toujours établie sur le système des paiements peu élevés, mais fréquents. (Le Browning-Settlement eut même un club de voyages à l'étranger : 3 à 8 jours pour 40 à 100 fr. environ, payés à raison de 1 à 2 fr. par semaine).

Maison de campagne. — N'est-ce pas un rêve caressé par tous ceux et celles qui voient de près les habitantes des grandes villes, que de leur procurer quelques jours de détente ?

Nous ne pouvons rien suggérer : tout dépend des ressources, du milieu, etc. Disons simplement qu'il faut y penser tant... qu'on finisse par l'obtenir !

Si l'on ne peut avoir une maison pour soi tout seul, on peut faire un arrangement avec une colonie de vacances d'enfants ou de jeunes filles pour profiter (gratuitement ou à bon compte) de leur maison avant ou après leur saison. En mai-juin il y a souvent de beaux jours ; et le début d'octobre à la campagne est infiniment doux et reposant.

Nous avons une fois avec grande satisfaction, obtenu, pour septembre, pour 2 semaines, une maison de vacances de jeunes filles, où nous avons pu grouper une douzaine de dames, de vieilles et jeunes demoiselles, d'une Fraternité. Après quelques jours d'expérience on établit un prix journalier très bas, et il resta encore moyen de faire un don de reconnaissance à la maison. Chacune cuisinait à tour de rôle.

(1) Villégiatures du travail féminin. Siège social : 2, rue Huyghens, Paris, pour femmes et jeunes filles, et nombre de Colonies de Vacances de jeunes filles et enfants.

UN PROGRAMME D'ÉTUDE ET DE CAUSERIES [1]

Ce que la femme peut et doit

La femme doit savoir qu'elle a une place importante dans la famille et dans la société.

Au foyer, pour que son rôle de ménagère, d'épouse et de mère soit bienfaisant et son influence profonde, il lui faut se faire un cœur chaud et une conscience droite, et s'instruire de ses multiples devoirs.

Au dehors, par le seul rayonnement de sa vie et de son exemple, son activité doit tendre à réformer les mœurs en vue de plus de moralité et de justice sociale, en attendant le moment où elle pourra et devra agir comme citoyenne.

LA MÉNAGÈRE

I. — Chez nous

Importance d'un logement bien tenu sur la santé du mari et des enfants.

Influence d'un bon foyer sur le père et les garçons qui ne sortent pas et les filles qui prennent des habitudes d'ordre.

Exemple et encouragement pour les voisines.

1° LE LOGEMENT. Il faut le faire aimer pour qu'on s'y sente chaud et qu'on y revienne.

a) Logis propre. — *b)* Logis gai. — *c)* Logis sain. — *d)* Logis bien avoisiné.

a) Logis propre. — Ménage et nettoyage (collaboration des enfants).

b) Logis gai. — Embellissement (le moins d'inutilités pos-

---

(1) Nous donnons ici, légèrement modifié, le « *Programme des Réunions des Mères de famille* » édité en 1910 par les Sections féminines de l'*Etoile Blanche*. — On peut développer avec avantage les causeries sur les questions sociales, si actuelles.

sibles), travaux d'intérieur en bois, cartonnage, étoffe lavable, etc..., fleurs.

c) **Logis sain.** — Choix et aménagement du logement, chauffage, éclairage (étudier ceux de la région), air et eau (eau potable et eaux sales).

d) **Logis bien avoisiné** (attention aux voisins, choses et gens).

e) **Jardin sur la fenêtre,** sur le toit, dans la cour ; son influence moralisatrice et économique. (Encourager les jardins ouvriers).

f) **Renseignements sur les constructions à bon marché.**

2° **LA CUISINE.** Son importance hygiénique.
> Cuisine achetée toute faite et cuisine de ménagère.
> Les aliments nourrissants et économiques.
> Quelques recettes et quelques menus.
> La marmite norvégienne.
> Provisions à faire et à ne pas faire.
> A la coopérative de consommation.

II. Linge et Vêtements

1° Hygiène des vêtements
> Vêtements propres.
> — larges.
> — chauds.
> — légers.

2° Décence de la toilette
> Lavage et nettoyage.
> Repassage.
> Raccommodage.
> Simplicité : pas de faux luxe ni de clinquant.
> La mode : ce qu'il faut en prendre.

3° Economie de l'habillement
> Du neuf dans du vieux.
> Confection du linge et des vêtements.
> Soldes et grands magasins, salaires de famine.

III. Comment équilibrer le budget et le temps

Comment équilibrer le budget ? la part de l'économie (caisse d'épargne, mutualités, retraites, etc.).

Comment employer le temps de la journée et de la semaine ?

Comment s'organiseront celles qui travaillent au dehors ?

Comment s'enrichir ? petites économies de temps et d'argent.

— Pour étudier la partie ci-dessus, consulter, dans notre « Choix de livres (1) », *Travaux manuels et économie domestique*, Mmes Schefer et Amis.

Hygiène pratique, Dr Galtier-Boissière.

Auprès du foyer, Ch. Wagner.

Famille et patrie (brochure).

L'ÉPOUSE

LE MARIAGE. L'idée plus ou moins élevée du mariage fait les épouses plus ou moins bonnes.

1° Ce qu'est le mariage :

Union complète et définitive (contre l'union libre et le divorce).

Base d'une famille.

Nouveau centre social.

2° Le mari :

Celui qu'on ne doit pas prendre et pourquoi ?	Buveur. Débauché. Joueur. Paresseux. Malade héréditaire ou volontaire.

3° L'épouse :

— Comment aimer son mari : en s'oubliant soi-même.

— Comment le retenir au foyer : par une maison propre et une figure souriante ; en l'intéressant à la décoration du foyer et à l'éducation des enfants.

(1) Voir page 49.

— Comment l'aider à s'élever : en causant avec lui de ses occupations et de ses lectures, en partageant ses distractions (emploi du dimanche).

— Comment l'encourager ou le consoler : en faisant tout ce qui est indiqué ci-dessus.

Auprès du foyer.
Famille et Patrie.

LA MÈRE

I. Hygiène et morale de la mère avant la naissance

Hygiène de la jeune fille et de la femme au point de vue de la maternité.

Contre les théories criminelles tendant à la diminution de la natalité.

II. Les Tout-Petits

1°
- Pour les nettoyer : bains, soins des yeux et des oreilles.
- — — habiller : layette et toilette.
- — — nourrir : allaitem^t { maternel. / artificiel. } sevrage.

2°
- Les dents.
- La vaccination.
- Les maladies infantiles.
- Les premiers pas.

3° Les superstitions et les préjugés dont souffrent les petits.

4° L'éducation au berceau.

5° La puissance des habitudes.

6° Développement intellectuel.

La puériculture du 1er âge, Dr Pinard.

Les enfants mal élevés (VIIe partie : L'éducation au berceau) F. Nicolay.

Travaux manuels (pour faire la layette).

III. Les Enfants

1° Hygiène des enfants
- De l'air, de l'eau, du mouvement (gymnastique). (Colonies de vacances).
- De la discipline (morale et physique).
- De la simplicité.

2° Education morale
- Quel idéal voulez-vous inculquer à vos enfants ?
- Pour élever les autres il faut soi-même être très haut.
- La force de l'exemple.
- Amour et confiance.
- Bonne humeur : un sourire !
- Punitions et récompenses (punitions proportionnées aux fautes).
- La volonté, la persévérance, la lutte.
- Sincérité, base de la moralité, haine du mensonge.
- Toutes les manières d'être bon.
- Enfants obéissants (les parents faibles).
- Education du sentiment parental.
- Amour de la patrie.

3° Travail
- Régularité dans la fréquentation de l'école.
- Education de la mémoire.
- Habitudes d'observation et de réflexion.
- Travail consciencieux.
- Prévoyance, économie.

4° Les questions des enfants
- Pourquoi répondre aux questions des enfants ?
- La mère doit elle-même initier ses enfants aux lois physiologiques.
- Les lois de la nature sont universelles et augustes, tout y est soumis : la naissance des enfants comme celle de tous les êtres.

Hygiène pratique.
Les enfants mal élevés.

Auprès du foyer.
Le caractère (Guibert).
Formation du sentiment esthétique (Th. Ponsard).
Le livre des petits (Jean Aicard).
Comment j'ai instruit mes filles des choses de la maternité (Mme Leroy-Allais) : inspirera pour répondre aux questions des enfants (voir pages 33-34, chap. 7 : La génération).

IV. Les Grands

1°
La mère et les aînés : affection et confiance réciproques.
Relations entre frères et sœurs, filles et garçons.
Egalité de la morale pour les deux sexes.
Réunions de famille (pensez aux isolés).
Distractions et délassements honnêtes.
Sociétés d'enfance et de jeunesse.
Villégiatures.

2° Les Filles
Comment et pourquoi leur expliquer les embûches qui les attendent ?
Réserve et tenue.
Dangers des placements à la ville.

3° Les Fils
Le respect de la femme.
Fort contre les tentations : sobriété et pureté.
Bon travailleur.

Auprès du foyer.
Les enfants mal élevés.
Le caractère.
Hygiène et morale (D' Good) pour les jeunes gens.
Comment j'ai instruit mes filles des choses de la maternité.
Le livre des petits (les dernières poésies sur le travail spécialement).

LA OITOYENNE

I. La oitoyenne

Pourquoi donner des droits politiques aux femmes ?
Comment les femmes voteront : honnêteté, moralité.
Femmes éligibles : conseillers-municipaux et députés.
Il serait bon de causer de temps à autre des questions qui
intéressent la vie de la commune, habitations, lavoirs,
hôpitaux, écoles, assistance, etc., pour commencer
l'éducation civique des femmes.

II. La professionnelle

Une personne sur laquelle on peut compter.
« Une seule chose à la fois, et à fond — voilà le secret du
succès » (J. Payot).

CE QU'UNE FEMME DOIT SAVOIR

I. Quelques points d'hygiène

La femme contre l'alcool : préservation du mari, des
enfants et d'elle-même.
L'hygiène des tuberculeux.
Que faire en cas d'épidémie ?
Premiers soins aux blessés.
Quelques médicaments.
Les vertus des « simples ».
La femme ne doit pas craindre la maternité ; grandeur de
la maternité ; point de vue moral et hygiénique.

II. Quelques points de droit

Ce que la loi actuelle accorde aux femmes.
Libre disposition du salaire féminin.
Le mari doit entretenir le ménage.

III. Biographies de femmes

Nous recommandons l'étude de biographies féminines. Elles mettent en relief d'une manière vivante, l'idéal que nous souhaitons.

Florence Nightingale ; Elisabeth Fry ; Joséphine Butler ; Mme Augustin Thierry ; Mme Quinet ; Mme de Pressensé, etc.

Une idée à retenir et à répandre

Chaque femme doit être persuadée de sa puissance sociale, simplement résolue par l'exemple de sa vie et par la parole droite, dite à propos et qui ébranle un préjugé.

Bibliographie

I. Notre « Choix de livres »

Nous avons préparé un « Choix de Livres » suffisant à former une petite bibliothèque pour les mamans ou pour les Réunions de Mères. Nous n'avons pu, malgré nos recherches, trouver les livres, tous, suffisamment simples que nous désirions, mais si quelques chapitres doivent être transposés, dans chacun on trouvera des conseils vrais et utiles.

Notre *Choix de livres* est de *30 fr. franco* contre mandat à notre adresse de vente : Librairie Jean Naert, 29, Boulevard Raspail, *Paris VIIe*.

1. Mmes SCHEFER et AMIS. — *Travaux manuels et économie domestique.*
2. Dr GALTIER-BOISSIÈRE. — *Hygiène pratique.*
3. Dr PINARD. — *Puériculture du 1er âge.*
4. Ch. WAGNER. — *Auprès du Foyer.*
5. F. NICOLAŸ. — *Les enfants mal élevés.*
6. Th. PONSARD. — *Formation du sens esthétique.*
7. J. GUIBERT. — *Le caractère.*

8. Mme LEROY-ALLAIS. — *Comment j'ai instruit mes filles des choses de la maternité.*
9. Dr GOOD. — *Hygiène et morale.*
10. Jean AICARD. — *Le Livre des Petits.*
et notre brochure : *Famille et Patrie.*

II. Quelques livres recommandés (1)

La série : « *Les Petits Manuels du Foyer* », chez Colin, 1 fr. 20, à savoir :
Blanchon : Plantes et fleurs à la maison.
    Le jardin fruitier et potager.
Cambry : Fiançailles et fiancés.
    La correspondance.
Desvernays : La basse-cour.
    Les animaux d'agrément.
Grigaut : Les travailleurs des deux sexes devant les lois du travail et les œuvres sociales.
Hennequin : L'art et le goût au Foyer.
Héricourt D^r : La santé.
Jolis : Le budget familial.
Léchalet : Conserves de ménage.
    Fraudes et falsifications.
Maquaire : La musique au Foyer.
Michel : La loi au Foyer.
Moll-Weiss : La Cuisine.
    La vie moins chère.
    Le Vêtement.
    Nos malades et nos convalescents à table.
Pinard (P^r) : L'enfant de sa naissance à la fin de la 1re enfance.
Renaudet : Le charlatanisme.
Roux : Le logement : Ce que tout locataire doit savoir.
    L'habitation : Ce que tout propriétaire doit savoir.

(1) Nous indiquons les prix majoration comprise. Se les procurer à notre librairie de l'Ami du Foyer, 29, boulevard Raspail, Paris VIIe.

La ménagère

Le Foyer domestique, Mme Moll-Weiss. 4 fr. Hachette.
Ma pratique de conserves de fruits et de légumes, Mlle Maraval. 4 fr. 50. Librairie de la Maison Rustique.
Patrons de lingerie, Mlle Kœnig. 4 fr. Hachette.

Gymnastique

Gymnastique rationnelle (Manuel populaire), lieutenant Gelly. 2 fr. 50. Berger-Levrault.

Morale et Hygiène

Le corps et l'âme de l'enfant, Dr Fleury. 4 fr. 50. Colin.
Causeries aux Mères de famille, Mme Carr. 3 fr. Nathan.
Causeries pédagogiques, William James. 3 fr. 25. Payot.

Education

L'éducation Montessori (pour les petits), Mme Fisher. 4 fr. 50. Nathan.
Mon filleul au jardin d'enfants, F. Klein. 2 volumes, chacun 4 fr. 50. Colin.
Jeux et occupations pour les Petits, Mlle Brès. 7 fr. Nathan.
Par le sourire ; — Pour les petits et pour les grands ; — Vaillance, Ch. Wagner. 5 fr. l'un. Fischbacher.
Pour former le caractère, F.-W. Fœrster (un professeur allemand qui a protesté contre le manifeste des 93). 4 fr. 80. Fischbacher.
La conduite de la vie, Emerson, 4 fr. 50, Colin.
Pensées, Joubert, 2 fr. 50, Payot.
Pédagogie vécue, Ch. Charnier, 8 fr. Nathan (s'adresse surtout aux institutrices).
L'Art et l'enfant, M. Braunschvig, 4 fr. 50. Didier.
De la rue au Foyer, Mme Moll-Weiss, 3 fr. 90. Nathan.

Questions de Moralité

Les habitudes vicieuses chez les enfants, Mlle M. Dupont, 1 fr. 30. Nathan.

L'enseignement de l'hygiène sexuelle à l'école (utile aux mères, également), Dʳ Mathé, 2 fr. 50. Vigot.

L'Ecole de la Pureté, Mme Pieczynska. 4 fr. 50. Fischbacher.

Une campagne criminelle (avortement et néo-malthusianisme), Mme Leroy-Allais. 1 fr. 65. Maloine.

Une femme aux femmes (Pourquoi les femmes doivent étudier la question des mœurs), Mme Schlumberger. 0 fr. 60. Fischbacher.

Souvenirs personnels d'une grande croisade (contre la réglementation du vice), Mme J. Butler. 4 fr. 50. Fischbacher.

Littérature

Les pierres du Foyer (Essai sur l'histoire littéraire de la famille française, Henry Bordeaux. 4 fr. 50. Plon-Nourrit.

La famille française et son évolution, L. Delzons, 4 fr. 50. Colin.

La famille, discours divers, prononcés au Congrès de 'l'Etoile Blanche, 2 fr. 50. Fischbacher.

Le pouvoir social des femmes, G. Deherme, 4 fr. 50. Perrin.

Créer, E. Herriot; 2 vol. 11 fr. Payot.

Qualités à acquérir, L. de Launay, 4 fr. 50. Payot.

CONTRE LES GRANDS FLÉAUX

Il faut que tout groupement féminin soit non seulement groupe d'étude et d'amélioration individuelle, mais centre d'action sociale énergique.

L'action doit avant tout porter sur les grands fléaux qui menacent la France, dans son existence matérielle, tout autant que dans sa vie morale : la débauche, la dépopulation, l'alcoolisme et la tuberculose.

LA DÉBAUCHE

Statistiques : Pendant et depuis la guerre elle a fait des progrès effrayants.

— Le nombre constaté des cas de maladies vénériennes est maintenant en *un mois*, ce qu'il était en *un an*, avant la guerre.

— « Depuis la guerre, il y a chaque année 60.000 nouveaux cas d'avaries... Avec l'alcool et la tuberculose, la syphilis constitue la triade des pestes contemporaines.

Professeur Fournier.

— « Tandis qu'*avant la guerre* il y avait 300 syphilis récentes sur 3.000 malades traités à la clinique de dermatologie et de syphiligraphie, soit *1 sur 10*, dans les *16 premiers mois* de la guerre on trouve 800 syphilis récentes sur 5.000 malades, *soit 1 sur 6*, et *dans les 8 mois suivants*, 600 syphilis récentes sur 2.300 malades, *soit 1 sur 4. La syphilis, qui dans les 16 premiers mois de la guerre avait augmenté de plus d'un tiers, dans les 8 mois suivants a augmenté de plus de la moitié.* »... Et depuis !.....

— (*La syphilis après deux ans de guerre*) : Dr Bizard.

Ligues d'action morale (auxquelles s'adresser pour les renseignements et adhérer pour la lutte) :

Ligue de l'Etoile Blanche contre l'immoralité publique et

privée, est basée sur une « Résolution » individuelle de vie morale et d'action sociale. Secrétaire général : M. Wautier d'Aygalliers, 7 bis, rue Daval, Paris.

Ligue pour le relèvement de la moralité publique, a pour but de prévenir, combattre et détruire l'immoralité dans les lois, les mœurs et les individus. Secrétaire Général : M. Le Gouis, rue des Païens, Saumur (M.-et-L.).

L'*Institut prophylactique*, 60, Boulevard Arago, Paris, reconnu d'utilité publique, soigne gratuitement et sérieusement les syphilitiques. Il a commencé à essaimé. S'y adresser pour renseignements.

JOURNAUX ET REVUES RECOMMANDÉS :

Le Relèvement Social : Rédacteur en chef : M. L. Comte, 67, rue de la République, St-Etienne, Loire; mensuel : 3 fr. par an.

LA DÉPOPULATION

STATISTIQUES : Français, souvenez-vous :
en 1914, notre pays comptait 39 millions d'habitants.
en 1919, il n'en a même pas 35 millions !

(LA FEMME ET L'ENFANT).

— A la fin de la quatrième année de guerre, la population civile, dans les 77 départements non envahis, a diminué de 883.160 habitants. (STATISTIQUE OFFICIELLE).

De 1871 à 1911 :

100 Russes	sont devenus	177
100 Allemands	—	161
100 Anglais	—	146
100 Austro-Hongrois	—	137
100 Italiens	—	129
100 Français	—	109

et depuis 1910, presque chaque année, le nombre des décès l'a emporté sur le nombre des naissances.

(Cité par Paul GEMÄHLING).

— On a calculé que pour *700.000 enfants qui naissent chaque année, il y en a 500.000 autres qui sont assassinés*, avant de naître, dans le sein de leur mère.

(Chiffres d'avant-guerre : Sénateur BERNARD).

— Que chacun en décide devant sa conscience et sache bien que c'est une question de vie ou de mort pour la France.

P. GEMÄHLING.

LIGUES : *Pour la vie.* Ligue pour le relèvement de la natalité française et la défense des familles nombreuses, 32, rue Madame, Paris, VI⁰.

L'Alliance Nationale pour l'accroissement de la population française, 10, rue Vivienne, Paris, II⁰.

La plus grande famille, 24, rue du Mont-Thabor, Paris.

JOURNAUX ET REVUES RECOMMANDÉS :

Pour la Vie : Directeur M. P. Pureau. Rédacteur en chef : M. G. Rossignol, 32, rue Madame. (Mensuel, 2 fr. 50 par an).

La Femme et l'Enfant. Revue de la famille. Directeur : Dʳ J. Bertillon. Administrateur : M. P. Coquemard. (Bi-mensuel, 15 fr. par an).

L'ALCOOLISME

STATISTIQUES : *Consommation des boissons alcooliques par an et par habitant* (alcool pur à 100°).

France	22 litres 93		Allemagne	7 litres 47	
Italie	17 » 29		Serbie	5 » 45	
Belgique	10 » 58		Russie	3 » 41	
Grande-Bretagne	9 » 67		Bulgarie	3 » 02	
Autriche-Hongrie	7 » 70				

Docteur JOHANNÈS GABRIELSON, de Stockolm, 1915.
(Cités par Cauvin).

— *Débits de boissons :*

France	1 par	82	habitants
Allemagne	1 par	246	—
Etats-Unis	1 par	360	—
Angleterre	1 par	430	—
Norvège	1 par	3.000	—
Suède	1 par	5.000	—

M. SIEGFRIED, député,

au cours de la discussion sur la prohibition de l'alcool (Mars 1918).

— Descendances comparées de parents sains et de parents alcooliques :
10 familles saines et 10 familles alcoolisées.

	Enfants de familles sobres	Enfants de famille d'alcoolisés (père, mère ou ascendants buveurs).
Morts en bas-âge	5	12
Sourds-muets...................	»	2
Arriérés.......................	2	8 (idiots)
Chorée (danse de Sᵗ-Guy)........	2	»
Épileptiques...................	»	13
Difformes	2	3
Nains.........................	»	5
Ivrognes avec chorée ou épilepsie	»	5
Sains	50	9
	61	57

Professeur Demme, médecin de l'hôpital des enfants à Berne. (Cité dans « L'alcool » ; Sérieux et Mathieu).

Ligues. — *Ligue Nationale contre l'alcoolisme*, 147, boulevard Sᵗ-Germain, Paris VIᵉ. Lutte par l'engagement personnel de tempérance, l'action sur les pouvoirs publics et sur l'opinion.

La Fédération des œuvres antialcooliques, a son siège également 147, boulevard St-Germain, et la *Fédération des ligues d'abstinence*, à la Croix-Bleue, 53 bis, rue St-Lazare, Paris.

L'Union des Françaises contre l'alcool, 15, rue de Bellechasse, Paris. Mouvement féminin, né pendant la guerre, qui s'est donné pour tâche la suppression de l'alcool en France.

Pour les enfants : L'espoir du Berceau (très recommandé), 147, boulevard St-Germain et à base chrétienne, 53 bis, rue St-Lazare : Engagement d'honneur, signé par l'un des parents : « Je promets de ne donner ou de ne laisser donner à mon enfant jusqu'à l'âge de 7 ans, aucune boisson contenant de l'alcool (y compris liqueurs, vin, bière, cidre) sauf ordonnance médicale.

Sections cadettes de tempérance, à la Ligue nationale, *et d'abstinence*, 53 *bis*, rue St-Lazare.

LA TUBERCULOSE

STATISTIQUES. — Mortalité par tuberculose, avant la guerre : il y a 15 ans le doyen Brouardel a lancé le chiffre *150.000 morts*, annuellement. Ces chiffres ont été extrêmement discutés. Le professeur Robin arrive au chiffre de *80.000*. Mais il y a des raisons qui rendent très difficiles l'établissement des statistiques.

— Je considèrerais comme tout à fait imprudent de rassurer l'opinion publique contre un mal qui est certain... Il était très grave avant la guerre, nous le savions tous, et la guerre évidemment n'a pas été de nature à améliorer la situation... Malgré cela il n'y a pas d'aggravation.

Léon BOURGEOIS.
14 décembre 1917 : au Sénat.

1 mort par tuberculose, pour 1.000 habitants, à la campagne.
3 — — — — dans une ville de 30.000 habit[s].
5 — — — — à Paris.

Dr GALTIER-BOISSIÈRE.

Syphilis et alcoolisme sont les auxiliaires les plus puissants de la tuberculose.

H. CHÉRON.
14 décembre 1917 : au Sénat.

LIGUES : Il y a nombre d'œuvres et sanatoria locaux, contre la tuberculose. S'assurer qu'ils sont sérieux, avant de s'y aboucher.

— *Le Comité National d'Assistance aux anciens militaires tuberculeux*, 5, rue Las Cases, Paris, demande que, pour chaque département, on s'adresse à la Préfecture.

— *L'Association des Infirmières-Visiteuses de France*, 56, rue de Vaugirard, Paris, forme des infirmières pour la lutte à domicile contre la tuberculose et l'éducation anti-tuberculeuse des familles qu'elles visitent.

LE SUFFRAGE DES FEMMES

STATISTIQUES montrant les avantages du vote et de l'éligibilité des femmes :

En *Norvège* : elles ont vaincu *l'alcoolisme*, fait voter les lois sur *l'assurance maternelle*, sur les *enfants naturels*, sur le *repos et les allocations aux femmes en couches*.

Aux *Etats-Unis*, dans tous les états suffragistes la femme peut, aussi bien que le père, être *tutrice* des enfants, l'un a le meilleur *tribunal d'enfants*, l'autre la meilleure loi sur *l'inspection alimentaire*.

En *Amérique*, comme en *Norvège*, en *Finlande*, en *Australie*, comme partout où la femme vote, *la lutte contre l'alcoolisme et la prostitution* a été si vive, que le suffragisme féminin est fier de compter parmi ses adversaires les plus acharnés, les marchands d'alcool et tous ceux qui vivent de la traite des blanches.

En *Australie*, la *mortalité infantile* est tombée de 111 à 67 °/oo.

En *Nouvelle-Zélande* de 113 à 50 °/oo.

En *Norvège* de 104,7 °/oo à 62 °/oo.

Statistiques données par

M. FLANDIN, rapporteur de la loi sur le vote des femmes, à la Chambre des Députés.

LIGUES. *Union française pour le suffrage des femmes* : 53, rue Scheffer, Paris 16e. Présidente : Mme de Witt-Schlumberger.

Ligue française pour le Droit des femmes. 14, rue Milton, Paris. Présidente Mme Maria Vérone.

Union fraternelle des femmes. 77, rue Blanche, Paris. Présidente : Mme A. Hammer.

Société pour l'amélioration du sort de la femme, 85, rue Richelieu.

JOURNAL RECOMMANDÉ : *La Française*, 17, rue de l'Annonciation, Paris 16e, donne toutes nouvelles féminines et féministes, 8 fr. par an.

LES GRANDS DEVOIRS FÉMININS

La préparation aux grands devoirs féminins, tel doit être l'ultime but de nos Réunions.

Versons de tout cœur, pour les faire vibrer, dans des vies pénibles, notre affection fraternelle, notre sympathie compréhensive, dans des vies sans beauté et sans joie, de l'idéal et de la lumière, dans des vies difficiles, l'adoucissement d'une entr'aide appropriée.

Donnons à pleine âme le meilleur de la croyance qui nous fait vivre — croyance morale, spiritualiste, chrétienne — Partout où il est possible, apportons la puissance de la foi qui met une espérance à nos jours sombres et donne un sens à nos douleurs, qui rattache notre courte existence à une Eternité et notre faiblesse à une Force.

Rapprochons dans un même travail, avec un même but, une même inspiration, un même intérêt, pour leur apprendre à se connaître, des femmes de même milieu et de milieux sociaux différents ; elles élargiront leur cœur et leur esprit. Elles se comprendront, et alors, elle s'aimeront.

Créons, dans notre possible, en France où il existe encore si peu, l'esprit solidariste ; par l'action, plus encore que par la parole, par nos clubs, notre entr'aide, montrons à nos membres tout le parti qu'on peut tirer de la coopération. Nous aurons fait autant pour détruire le dénigrement, la jalousie, l'égoïsme. Soyons d'ailleurs persuadées que c'est par cette entr'aide et non plus par l'aumône que nous rendrons les vrais services. Disons-nous bien aussi, qu'un groupement qui n'est que moral sans être social, apparaît aujourd'hui incomplet.

Sachons être démocrates ; plus de Réunions où une seule dirige, une seule parle, une seule agit ; le monde entier tend de plus en plus à reconnaître des droits à chacun, marchons autant que possible dans ce sens : participation de toutes par la parole, la lecture, par les avis donnés, par la responsabilité et la direction partagées.

« Qui nierait que l'action féminine ne soit avant tout une action altruiste. Cette action s'inspire d'intérêts supérieurs, d'intérêt de famille, de travail, de sécurité et de bien-être de l'enfant ; elle est, avant tout, par dessus tout une recherche de moralité et l'expression de la volonté d'appliquer les prescriptions de l'hygiène physique et morale au sein d'une société qu'elle veut régénérer, purifier, nettoyer pour la sécurité et l'éducation de l'enfant ! Cette montée vers l'idéal que la femme veut accomplir tant qu'elle reste réellement femme, c'est par l'amour pur et désintéressé, c'est pour l'amour qu'elle y parviendra » (1).

Le foyer repose sur la mère.

Les femmes font les mœurs,

et les femmes feront bientôt les lois.

Préparons-nous toutes, femmes, à nos hautes responsabilités.

(1) Mme d'Abbadie d'Arrast.

APPENDICE

L'Ami du Foyer

Commencée dès 1911, sous le nom « *Le Sou Mensuel des Mères* », notre feuille mensuelle L'*Ami du Foyer*, est faite dans un double but :

1° Aider à la création de Réunions de mères.

2° Porter quelques paroles d'encouragement et de conseils à des mères que leurs occupations ou leur éloignement de tout centre empêchent de suivre aucune réunion.

Les événements des dernières années ont un peu modifié notre esprit, en ce sens que nous nous adressons moins uniquement à la mère, mais aussi aux autres femmes — et quelquefois même, par des suppléments, aux hommes et aux enfants.

L'*Ami du Foyer* : feuille d'éducation familiale, 8 pages, 1 fr. 20 par an.

Feuilles variées pour la distribution — paquets de 100 feuilles, 2 pages : 1 fr. 70 — 4 pages : 3 fr. — 8 pages : 7 fr.

Les Ecoles, Foyers du Peuple, Œuvres populaires, ont plusieurs moyens d'utiliser notre feuille, pour leur propagande morale : s'abonner pour chaque mois à un paquet de feuilles, au prix du gros (7 fr. le cent), et les distribuer, demandant à celles qui y consentent de donner les 0 fr. 10 pour la feuille, ou de les faire apporter par l'enfant, s'il s'agit d'une école. Malgré le déchet, on rentre à peu près dans sa dépense. — Prendre des abonnements individuels, se faire envoyer le tout, puis donner chaque mois les feuilles aux abonnées. — Enfin conseiller des abonnements que chacune recevra à son domicile.

Famille et Patrie : brochure de 16 pages : 0 fr. 15 l'une. 10 fr. le cent, pour la distribution.

Affiches : 27 cm./44 cm.
Texte :

1. Une place pour chaque chose, et chaque chose à sa place.

2. Mères, faites de vos enfants des hommes et des femmes énergiques, purs, sincères, bons. C'est de tels hommes et de telles femmes qu'il faut à la France.

0 fr. 15 l'une, franco.

Choix de livres : pour diriger une Réunion, ou pour une bibliothèque de Réunion ou bibliothèque particulière d'une maman, 10 livres, franco : 30 fr. (voir page 49).

Graine de braves gens. Courts entretiens pour les enfants pour les douze mois d'une année, 0 fr. 40 la série, 3 fr. 50 les dix séries, franco.

Nous demandons que les Réunions ou Fraternités, organisées selon notre but, et avec notre « Ami du Foyer », se fassent connaître de nous, même si elles font partie de sociétés autres. Une fédération de ces groupements serait un avantage par les idées qu'ils se donneraient l'un à l'autre, et peut-être par des œuvres communes qui pourraient s'établir (prêt de livres, de layettes, etc).

Table des matières

Cahors, Imprimerie COUESLANT *(personnel intéressé)*. — 21.715